T0012288

SOMBRAS, NOCHE Y NADA MÁS

EDGAR ALLAN POE nace en Boston en 1809. Su obra abarca ensayo, relato y poesía y destaca por la sublime unión de lo macabro y el terror con el humor. Su temprana orfandad hizo de la muerte y la desgracia cuestiones fundamentales en sus escritos y en su vida. Trabajó para varias revistas y se esforzó por vivir de su escritura. En 1849, dos años después de la muerte de su esposa, cae enfermo y fallece, dando término a una vida marcada por la ruina financiera y el alcoholismo. Su producción poética, donde muestra una impecable construcción literaria, influyó a poetas posteriores como Charles Baudelaire, quien tradujo varias de sus obras y admiró sus fórmulas líricas. Los poemas recogidos en esta selección han sido traducidos por Andrés Ehrenhaus.

SOMBRAS, NOCHE Y NADA MÁS

EDGAR ALLAN POE

Traducción de Andrés Ehrenhaus
Selección de Sara Norat

POESÍA
PORTÁTIL

SUEÑOS

¡Que sea mi joven vida un sueño vasto
del que despierte solo cuando el rayo
de cierta Eternidad anuncie el día!
¡Sí! Aunque el sueño fuera pesadilla
siempre sería mejor que estar despierto
para quien tuvo, desde el nacimiento
en esta helada tierra, el corazón
preso de la pasión y el descontrol.

Mas si ese sueño eterno continuara
tal como aquellos sueños que soñaba
en mi niñez, sería, en ese caso,
absurdo pretender Cielos más altos.
Porque gocé, cuando en verano el cielo
ardía al sol, en campos somnolientos,
y en climas inventados por mí mismo
dejé a mi corazón desatendido,
con seres que fraguó mi propia mente
—lejos de casa. ¿Qué más puede verse?

Pero una vez, *solo* una vez —su huella
no se me irá de la memoria— cierta
potencia me hechizó: fue el viento helado,
que me envolvió en la noche, cincelando
su imagen en mi espíritu, o la luna,
que iluminó mis sueños con su alcurnia,
tan fría… o las estrellas… qué más da.
El sueño es como el viento: ha de pasar.

Sí, fui feliz, aunque en un sueño fuera.
Sí, fui feliz, y me apasiona el tema:
¡sueños! Por su vivaz color de vida
y por su lucha lóbrega y furtiva
entre apariencia y realidad, que trae
de Amor y Edén más cosas adorables
al ojo delirante —¡y todas nuestras!—
que cuantas la Esperanza joven viera.

ESPÍRITUS DE LOS MUERTOS

I

Tu alma se ha de hallar perdida y sola
entre el funéreo ensueño de las losas;
en todo ese gentío, nadie habrá
que vaya a disturbar tu hora de paz.

II

Guarda silencio en esas soledades
   que no están despobladas, si no quieres
que los espíritus de muertos que antes
   de ti vivieron ahora se presenten
en torno a ti en su muerte, y su deseo
te suma en sombras: tú mantente quieto.

III

La noche clara enlutará su ceño
y las estrellas, regias en el cielo,

no irradiarán hacia estos arrabales
la luz de una Esperanza a los mortales.
Sus rojos halos sin fulgor
serán para tu extenuación
como una quemazón, como una fiebre
que querrán abrazarte para siempre.

IV

Ya no desterrarás ciertas ideas
ni habrá visiones que se desvanezcan;
ya de tu espíritu jamás se irán
como se va el rocío del hierbal.

V

La brisa, vaho de Dios, está tranquila,
y encaramada al monte, la neblina,
sombría, muy sombría pero intacta,
es símbolo y es también emblema:
cómo se aferra al bosque en sobrevuelo,
¡misterio de misterios!

UN SUEÑO

Entre visiones nocturnales
    soñé con júbilos lejanos;
me despertó un sueño radiante
    que el corazón me ha destrozado.

Ay, ¿qué no es sueño, aun de día,
    para el que posa la mirada
en los objetos con la mira
    vuelta hacia atrás, como una flama?

Pero ese sueño, santo sueño,
    mientras el mundo era un quebranto,
me confortó como un destello
    que, amable, guía al solitario.
Pues, aunque aquella luz de allende
    ondeara en noches de tormenta,
¿qué ha de brillar más puramente
    a la luz diurna y verdadera?

ROMANCE

Romance es el que asiente y canta
medio dormido, prieta el ala,
entre el follaje que, agitado,
busca la sombra de algún lago,
y para mí fue un periquito
tan familiar y colorido,
que me enseñó a decir palabras,
a balbucear la más temprana,
tendido allí yo en la espesura:
un niño de mirada lúcida.

Hoy, que sacuden los eternos
años del Cóndor cuando cruzan
como relámpagos con furia
el Cielo inquieto que contemplo,
no tengo tiempo para holguras.
Y si una hora de alas mansas
con su plumón me arrulla el alma
y me entretengo en lira y rimas

tan solo un tris, ¡cosas prohibidas!,
mi corazón crimen lo encuentra
salvo que tiemble con las cuerdas.

A…

Las enramadas donde, en sueños,
   se posan, pícaras, las aves,
son labios y son el concierto
   de tus palabras más labiales.

Tus ojos, de mi altar celeste,
   con gran desolación cayeron
¡oh, Dios!, en mi funérea mente
   cual luz de estrellas sobre un féretro.

¡Tu corazón…!, gimo a deshoras;
   y sueño hasta la amanecida
en la verdad que oro no compra
   y en baratijas que podría.

AL RÍO

¡Río gentil! El curso cristalino
   de tu caudal terso y viajero
es emblemático del brillo
    de la belleza: el pecho amante,
    el meandro juguetón del arte
   en la hija del anciano Alberto;

mas cuando ella pone sus ojos
   en tu ola, y esta se conmueve
y brilla, el más bonito arroyo
   y su humilde devoto se parecen:
guardan su imagen al abrigo,
   uno en el pecho, otro en las aguas—
en ese pecho conmovido
   por su mirada que hurga el alma.

A...

No me aflige que mi cuota de mundo
tenga poco de terrenal en ella;
ni que años de cariño, en un minuto
de encono, sin piedad se desvanezcan.
No me quejo de que los desvalidos
sean, querida, más dichosos que yo,
mas sí que sufras *tú* por *mi* destino,
siendo yo un pasajero como soy.

«SOLO»

Desde mi infancia nunca he sido
como otros fueron, nunca he visto
como otros vieron, nunca extraje
mis ímpetus del mismo cauce;
nunca brotó de un mismo surco
mi pena, ni latió de júbilo
mi corazón al mismo tono,
y cuanto amé, lo amé yo solo.
Allí, en mi infancia, en la alborada
de una agitada vida, emana
del bien y del mal, de sus honduras,
el cruel misterio que aún me abruma;
desde el torrente y el regato,
desde el rojizo acantilado,
desde ese sol que iba a rondarme
con sus dorados otoñales,
desde el relámpago certero
que me rozó al cruzar el cielo,
desde los truenos y el ciclón

y de la nube que se alzó
(en ese cielo azul sedoso)
como un demonio ante mis ojos.

LA DURMIENTE

A medianoche, en pleno junio,
a la mística luna acudo.
Un vaho opiáceo, acuoso, vago,
se escapa de su halo dorado
y en suave flujo, gota a gota,
sobre la sierra silenciosa,
desciende al valle universal
con melodiosa flojedad.
Ronca el romero ante la tumba,
bosteza el lirio en la llanura.
Con la neblina entre sus brazos,
se hunden las ruinas en letargo.
El lago, ¡ved!, como el Leteo,
parece ansiar que vive un sueño
y nunca más estar despierto.
¡Toda belleza duerme! ¡En vilo,
que Irene yace con sus Sinos!

Dama brillante, esa ventana
hacia la noche, ¿es adecuada?
Los aires del bosque atraviesan,
silbando risueños, las rejas;
los aires mágicos, etéreos,
campan a gusto en tu aposento
y tan temiblemente agitan
el baldaquín de las cortinas
sobre el sellado, orlado párpado
que oculta tu alma en sueño casto,
¡que por el suelo y las persianas
las sombras como espectros danzan!
Oh amada, ¿tú no sientes miedo?
¿Por qué has traído aquí tus sueños?
¡Sin duda vienes de anchos mares
para el asombro de estos árboles!
¡Tu palidez, tu ropa extrañan
y, más aún, tu trenza larga
y tu solemnidad callada!

¡La dama duerme! ¡Sea su sueño
tan hondo como es duradero!
¡Que en su ara la proteja el Cielo!
Mudó de alcoba a un cuarto sacro
y a un lecho mucho más macabro.
¡Ruego al Señor que al menos yazga

por siempre sin que su ojo se abra
mientras deambulan los fantasmas!

¡Mi amada duerme! ¡Sea su sueño
tan hondo como es duradero!
¡Que los gusanos tengan tiento!
Que en pleno bosque se abra en torno
a ella un panteón grande y fosco,
uno que, antaño, sus compuertas
corrían, córvidas y negras,
triunfante sobre los sudarios
de su familia de altos fastos.
La cripta apartada y remota
a cuya puerta, cuando moza,
supo arrojar piedras ociosas;
la tumba de cuyos portales
no arrancará ecos, como antes,
cuando temía, en su pecado,
que eran los muertos gimoteando.

EL VALLE INTRANQUILO

Sonreía un valle *antaño*,
silencioso y sin aldeanos;
habían marchado a las guerras
y a las estrellas atentas
en el azur de sus torres
confiaron, de noche, las flores
que de día, perezoso,
bañaba en luz el sol rojo.
Ahora siente el visitante
la inquietud que abruma el valle.
Nada allí parece estable
salvo los aires que tascan
esas soledades mágicas.
¡Ningún viento ondea las copas
revueltas como el mar que azota
las frías Hébridas brumosas!
¡Ningún viento urge a las nubes
que en el Cielo inquieto crujen,
ariscas, de alba a ocaso, y cubren

a las violetas, semejantes
a ojos humanos de mil clases!
¡O a los lirios que allí ondean,
llorando en tumbas ajenas!
Al ondear, sus fragantes corolas
derraman rocío eterno en gotas.
Lloran, y por sus tallos resbalan
diamantes de perennes lágrimas.

LA CIUDAD DEL MAR

¡Ved a la muerte entronizada
en una urbe aislada, extraña,
perdida en el oeste yermo,
donde lo malo, lo peor, lo mejor, lo bueno
emprenden ya su sueño eterno!
Allí palacios, templos, torres
(¡ajadas torres inmutables!)
a nada nuestro corresponden.
Parias del viento, en torno yacen
bajo los cielos, resignadas
y melancólicas, las aguas.

Ni un solo haz del Cielo azul se adentra
en la ciudad de noche eterna;
mas una luz marina, insomne,
sube en silencio por las torres
y brilla libre en los bastiones;
por cúpulas, agujas, tronos,
templos y muros babilónicos,

por foscas y olvidadas pérgolas
con tallas de flores y hiedras,
por tantos santuarios insignes
cuyos prietos frisos se visten
de violas, violetas y vides.

Bajo los cielos, melancólicas,
las resignadas aguas moran.
Torres y sombras se entremezclan
como si el aire las meciera
mientras la muerte, gigantina,
mira desde una torre altiva.

Junto a las olas fluorescentes
bostezan tumbas y templetes;
mas ni el tesoro diamantino
que hay en los ojos de los ídolos,
ni las mortajas enjoyadas
arrancan de su lecho al agua;
pues nada encrespa el ondular
de esa planicie de cristal:
no hay crestas que delaten vientos
de alegres y lejanos piélagos
ni huellas de mares rizados
y no tan atrozmente estancos.

¡Pero mirad, se agita el aire!
La ola… ¡algo allí se bate!
Como si, hundiéndose, las torres
menearan la marea insomne,
como si hubieran, con sus crestas,
rasgado el tenue cielo apenas.
Las olas brillan, más rojizas;
las horas, débiles, suspiran,
y cuando, entre ayes de otro mundo,
esa ciudad se hunda y se postre,
mil tronos infernales juntos
le rendirán honores.

SERENATA

Qué hora tan dulce y sosegada:
Natura duerme, el astro calla;
es más de medio crimen, creo,
romper con laúdes el silencio.
Sobre el troquel del mar bruñido
posa una imagen del Elíseo;
vadeando el Cielo, siete Pléyades
donan al piélago otras siete;
en lo alto asoma ya Endimión
y en el mar ve un segundo amor;
por pardos y brumosos valles
y entre las cumbres espectrales
la luz, exhausta, quiere echarse;
y tierra, estrellas, mar y cielo
se impregnan de algo somnoliento
así como me impregno yo
de ti, Adelina, y de tu amor.
Pero oye: al ser tan queda y suave
la voz nocturna de tu amante,

tu alma creerá, medio despierta,
que mi habla es música que sueñas.
Y así, mientras ningún estruendo
importunase, amor, tu sueño,
nuestra alma y lo que, oh Dios, pensamos
podrán fundirse en nuestros actos.

A F...S S. O...D

¿Deseas ser amada? Atiende
   al rumbo de tu corazón.
Sé todo aquello que ahora eres
   y aquello que no eres, no.
Así, en el mundo, tu agraciada
   manera, hermosa y sin doblez,
será un motivo de alabanza
   y el amor... solo un deber.

A F...

¡Amada! En medio de los dramas
    que asolan mi senda terrena
(senda brutal, sin traza
ni de una rosa huraña)
    halló un remanso mi alma en pena
soñando en ti, que es donde alcanza
un tibio Edén de calma.

Por eso tu recuerdo es como
    una isla mágica perdida
en un mar tumultuoso,
un piélago fiero y remoto
    donde, entre truenos y ventiscas,
sonríe el cielo solo en torno
    de esa radiante isla.

SONETO: EL SILENCIO

Hay ciertas cualidades, ciertas cosas sin cuerpo
   de cuya doble vida se conjuga una forma
de esa entidad gemela que brota del encuentro
   de luz y de materia, de un sólido y su sombra.
Hay un *Silencio* doble, que es mar y que es orilla,
   o sea, cuerpo y alma. Uno vive en malezas
   recientes, solitarias; ciertas solemnes gracias,
cierta memoria humana y coplas plañideras
lo han vuelto inofensivo: «Nunca más» se le llama.
Es el Silencio en cuerpo: ¡no temas! No posee
   poder maligno alguno ni nada malo esconde;
mas si un azar urgente (¡inoportuna suerte!)
   te enfrenta con su sombra (fatal elfo sin nombre
que asola las regiones en las que nunca osó
posar sus pies el hombre), ¡que te proteja Dios!

EL GUSANO CONQUISTADOR

¡Ved! ¡Es noche de gala
   en la orfandad de estos últimos años!
Una bandada de ángeles, alada
   y con sus tules y bañada en llanto,
se sienta en un teatro a que le muestren
   quimeras y miserias
mientras la orquesta exhala, intermitente,
   el son de las esferas.

Mimos que hacen de Dios en las alturas,
   volando aquí y allá,
musitan y murmuran,
   ¡meros peleles que han de desfilar
a voluntad de amorfas entidades
   que zarandean sin piedad la escena
y sus alas de cóndor, cuando baten,
   pena invisible sueltan!

Ese drama variado, ciertamente,
   ¡jamás será olvidado!

Con su fantasma perseguido siempre
    por una turba que, sin atraparlo,
lo sigue por un círculo que lleva
    siempre al mismo lugar;
mucha Locura y más Pecado encierra
    la trama en que el Horror es esencial.

¡Mirad! Entre los mimos una forma
    reptando se desplaza.
¡Invade, serpenteante y sanguinosa,
    la escena solitaria!
¡Se enrosca, enrosca! Y mortalmente heridos,
    los mimos sacian su hambre,
y al ver que hay sangre humana en sus colmillos
    gimotean los ángeles.

Mas ¡fuera... fuera luces... todas fuera!
    Y, sobre cada sombra temblorosa,
cae el telón, esa mortuoria tela,
    como una tempestad atronadora,
mientras los ángeles, exangües, corren
    sus velos y, de pie y con la voz trémula,
dicen que el drama es la tragedia «Hombre»,
    y el Gusano Conquistador, su estrella.

PAÍS DE SUEÑOS

Por la senda oscura y yerma
que ángeles enfermos pueblan,
donde un ídolo –la Noche–
reina entre su negra corte,
llegué ha poco aquí, de Tule,
la postrera y fosca Tule;
¡desde un clima cruel, sublime, extraño,
fuera de TIEMPO y ESPACIO!

Valles sin fondo y ríos sin margen,
cuevas y fosas y bosques gigantes
cuyas formas no ve el hombre
pues el rocío las roe;
montañas que se desploman
en océanos sin costa;
irreductibles océanos
en pos del cielo de fuego;
lagos que extienden sin merma
sus aguas solas y muertas,

aguas rígidas y heladas
por la nieve de las calas.

Junto a los lagos que así extienden
sus aguas solas e inertes,
sus tristes aguas heladas
por la nieve de las calas;
junto a los montes y el río,
que murmura sin respiro;
junto al bosque gris y el fango,
hogar del tritón y del sapo;
junto a las lagunas lúgubres
   donde habitan los Gules;
en los sitios más hostiles
y los rincones más tristes;
allí el viajero aterrado
ve el Pasado en su sudario,
sombras espectrales que huyen
cuando alguno las descubre,
blancas mortajas de amigos que han vuelto,
en agonía, a la Tierra… y el Cielo.

El corazón abatido
encuentra aquí quietud y auxilio.
Al alma en sombras, acaso,
¡le parece un Eldorado!

Pero el viajero que la atraviesa
no puede, no debe atreverse a verla;
el frágil ojo humano nunca
se ha sumergido en sus honduras;
lo quiere así su rey, que ha dado
orden de no alzar el párpado;
de modo que el alma errante
ve todo tras negros cristales.

Por la senda oscura y yerma
que ángeles enfermos pueblan,
donde un ídolo –la NOCHE–
reina entre su negra corte,
llegué a casa, pues estuve
en esa postrera Tule.

EL CUERVO

Cierta medianoche aciaga, con la mente fatigada,
revisaba unos libracos de saber inmemorial
y asentía, adormecido, cuando rechinó un postigo,
como si alguien, con sigilo, golpeara mi portal.
«Es —me dije— un visitante que golpea mi portal;
    solo eso y nada más.»

¡Ah, me acuerdo claramente de aquel lóbrego diciembre!
Cada rescoldo muriente dejaba un rastro espectral.
Yo esperaba ansioso el alba, pues no había hallado calma
en mis libros, ni consuelo por Leonor, que ya no está,
por Leonor, la impar y bella a quien solo nombran ya
    ángeles del más allá.

Con sus roces, las cortinas, purpurinas y furtivas,
me inspiraban fantasías de un terror tan inusual
que, por sosegar mi pecho, repetí muy circunspecto:
«Es tan solo un visitante que ha llegado a mi portal;
un tardío visitante que me aguarda en el portal.
    Será eso, nada más».

Cuando al fin recobré el temple decidí ser más vehemente,
«Caballero –dije– o dama, me tendrá que disculpar,
pues estaba adormecido cuando un son me puso en vilo,
y tan leve fue el rasguido que ha sonado en mi portal
que dudé de haberlo oído…» y aquí raudo abrí el portal:
    sombras, noche y nada más.

Escruté la noche oscura, temeroso, envuelto en dudas,
y soñé sueños que nadie nunca osó soñar jamás;
pero nada, ni un rumor, alteró el silencio atroz
salvo la expresión «¿Leonor?» que en susurros fui a
                                [nombrar;
yo lo susurré y el eco repitió «¡Leonor!» tal cual.
    Eso solo y nada más.

Aunque mi alma ardía por dentro, regresé a mis aposentos
pero pronto aquel rasguido se volvió más pertinaz.
«Esta vez, quien sea que llama se ha llegado a mi ventana;
veré, pues, qué es lo que trama, qué misterio habrá detrás;
si mi corazón se aplaca lo podré desentrañar.
    ¡Es el viento y nada más!»

Abrí entonces la persiana y, con gran despliegue de alas,
se coló en la sala un cuervo muy solemne y ancestral.
Sin cumplido ni respeto, sin dudarlo ni un momento,

con desdén de dueña o dueño fue a posarse en el umbral,
en el gran busto de Palas que hay encima del umbral;
   fue, posose y nada más.

Este pájaro azabache, con sus aires fatuos, graves,
trastocó en sonrisa suave mi febril morbosidad.
«El penacho corto y ralo no te impide ser osado,
viejo cuervo desterrado de la negrura abisal;
¿cuál es tu tétrico nombre en el abismo infernal?»
   Dijo el cuervo: «Nunca más».

Me asombró que un ave absurda se expresara con
                             [facundia,
a pesar de que el sentido no fuera nada cabal,
pues acordarán conmigo que muy pocos han tenido
ocasión de ver cernido pajarraco así en su umbral;
bestia o pájaro cernidos en el busto del umbral
   que se llamen «Nunca más».

Pero el cuervo, huraño y mustio, solo emitió desde el
                                  [busto
ese sombrío trasunto de su alma y nada más.
No movió una sola pluma ni añadió palabra alguna
hasta que expresé mis dudas: «Vi a otros amigos volar;
también él, por la mañana, como mis ansias, se irá».
   Dijo entonces: «Nunca más».

Con su certera respuesta el ave me puso alerta;
«Sin duda —dije— repite lo que ha podido acopiar
del repertorio olvidado de algún amo cuyo infausto
destino redujo, al cabo, sus canciones a un refrán,
enterrando su esperanza bajo un lúgubre refrán
    tal que "Nunca, nunca más".»

Como al verlo aún sonreía pese a mis miedos y cuitas,
planté una silla mullida frente a ave, busto, umbral
y hundido en la blanda almohada concentré mis
                          [suspicacias
en maliciar qué buscaba la funesta ave ancestral,
esa exangüe, enjuta, agónica y grotesca ave ancestral
    graznándome «Nunca más».

Yo sondeaba estas palabras, sentado y sin decir nada
al ave que me abrasaba el pecho con su mirar;
eso y más iba rumiando, con la cabeza de canto
sobre el cojín de brocado al que apocaba el fanal,
¡sobre aquel cojín purpúreo que ella acostumbraba usar
    y ya no usará jamás!

Sentí el aire más cargado, cual si ardiera un incensario
mecido por serafines de leve andar musical.
«¡Innoble! —me dije— ¡Mira! Es tu Dios el que te envía

con sus ángeles la mirra que a Leonor te hará olvidar.
¡Cata, cata el dulce filtro y a Leonor olvidarás!»
    Dijo el cuervo: «Nunca más».

«¡Profeta —dije—, villano; vil profeta, ave o diablo!
Tanto si fue el Tentador o acaso una tempestad
quien te arrojara, inmutable, a este trágico paraje,
a este hogar de horror constante, ¡te lo ruego, dime ya,
dime, te imploro, si existe algún bálsamo en Galaad!»
    Dijo el cuervo: «Nunca más».

«¡Profeta —dije—, villano; vil profeta, ave o diablo!
Por el Dios que veneramos, por la gloria celestial,
dile a este alma sin consuelo si en el Edén postrimero
el fulgor casto y sereno de Leonor podré abrazar;
si a quien conocen los Cielos por Leonor podré
                                       [abrazar.»
    Dijo el cuervo: «¡Nunca más!».

«¡Que tus dichos nos separen —proferí—, diablo o ave!
¡Vuelve a la noche insondable! ¡Húndete en la tempestad!
¡No dejes rastro ni pluma que rubriquen tu calumnia!
¡No interrumpas mi clausura! ¡Sal del busto del portal!
¡Quita el pico de mi pecho y tu sombra del portal!»
    Dijo el cuervo: «Nunca más».

Y ahora el cuervo, sin moverse, aún se cierne, ¡aún se
[cierne!,
sobre el blanco busto inerte que corona mi zaguán;
y sus ojos asemejan los de un demonio que sueña,
y su sombra se descuelga como un aura fantasmal;
y mi alma, de esa sombra que allí flota, fantasmal,
no va a alzarse… ¡nunca más!

A…

El autor de estas líneas, no hace mucho,
con loco orgullo intelectual blandía
«el poder de las palabras», y negaba
que en el cerebro humano germinase
un pensamiento ajeno al don de lengua.
Ahora, como burla a ese exabrupto,
dos voces —dos bisílabos sutiles—
de ecos italianos, solo urdidas
para ángeles soñando en «el rocío
lunar que pende del Hermón cual perlas»,
brotaron del abismo de su pecho,
pensares impensados que hacen de alma
de ese pensar, visiones más divinas
y agrestes que las que Israfel, el ángel
«de voz más dulce que cualquier criatura»,
pueda expresar. ¡Y mis conjuros, rotos!
La pluma cae de mi mano trémula.
Si un texto con tu dulce nombre pides,
yo no puedo escribir, no puedo hablar, pensar,

ay, ni sentir, pues esto no es sentir,
este quedarme inmóvil frente al pórtico
dorado y expedito de los sueños,
absorto ante el magnífico espectáculo
y conmovido al ver que a la derecha
y que a la izquierda, y a lo largo y ancho,
entre efluvios purpúreos, donde acaba
el panorama… ahí solo estás *tú*.

A M. L. S…

De cuantos creen al verte que llega la mañana,
de cuantos ven tu ausencia como una negra noche,
como si al sol sagrado lo borraran del cielo
para siempre; de cuantos, con llantos, te bendicen
cada hora por la vida, la esperanza y aún más
por haberles devuelto la sepultada fe
en la verdad, en la virtud, en la raza humana…
De cuantos, en el lecho profano del desánimo
dispuestos a morir, se incorporaron de pronto
al oírte susurrar con dulzura: «¡Que haya luz!»,
al oírte susurrar esas dulces palabras
que obraron por el brillo de tus ojos seráficos…
De todos tus deudores, cuyo agradecimiento
raya la adoración, recuerda, oh, no olvides
a tu devoto más fiel, al más apasionado,
y piensa que estas líneas vacilantes son suyas,
de aquel que, al escribirlas, se conmueve al pensar
que comulga su espíritu con el alma de un ángel.

ULALUME, UNA BALADA

El cielo era un páramo lúgubre;
las hojas, marchitas, se ajaban;
las hojas caídas se ajaban.
Nocheaba en un lánguido octubre
de un año que ya no echo en falta;
fue a orillas del gris lago de Auber,
  en Weir, la brumosa comarca;
del húmedo y gris lago de Auber,
  en Weir y su selva encantada.

Allí, entre cipreses titánicos,
  con mi Alma fui a dar un paseo;
  con Psique fui a dar un paseo.
Mi pecho era un magma volcánico
  como esos torrentes de fuego,
  los ríos de azufre y de fuego
que bajan, sin pausa, del Yaanek
  al polo y sus climas extremos;

que rugen, bajando del Yaanek
al reino boreal de los hielos.

La charla fue parca, sin lustre,
mas los pensamientos, erráticos;
mas nuestros recuerdos, erráticos,
Pues no dimos pábilo a octubre
ni al día o la noche del año
(¡de todas las noches del año!),
ni a las grises aguas del Auber
(¡ya habíamos ido a ese lago!);
no, no dimos pábilo al Auber
ni a Weir y su bosque encantado.

Y cuando, al morirse la noche,
el cielo viraba hacia el alba;
el disco estelar vira al alba,
al fin del sendero del bosque,
de un turbio fulgor de luz blanca,
emergió, milagrosa y bifronte,
la creciente lunar duplicada;
se asomó, cual diamante bicorne,
la fina Astarté con sus astas.

Y dije: «Ni Diana es como ella
de cálida. Va entre suspiros

etéreos, un mar de suspiros;
y al ver que aún las lágrimas riegan
    esta faz donde el verme está vivo,
pasa a Leo y su lomo de estrellas
    para guiarnos camino al Elíseo,
    al Leteo y la paz del Elíseo;
con ojos brillantes se acerca,
    sin que Leo consiga impedirlo;
sus ojos amantes nos velan,
    traspasándolo a Leo en su nido».

Mas Psique, elevando la mano,
    dijo: «Yo de esta estrella recelo;
    de su palidez yo sospecho…
¡Aprisa! ¡No nos detengamos!
    Debemos volar… ¡sí, volemos!».
Habló con pavor, arrastrando
    las alas por ese sendero;
gimió en agonía y hollaron
    sus plumas el polvo del suelo.

«No es más que otro sueño», repuse.
    «Sigamos bajo esta luz trémula;
    ¡Bañémonos en la luz trémula!
Su aureola sibílica luce
    de Esperanza y Belleza nocheras…

¿Ves? ¡Se va noche arriba y destella!
Sí, podemos confiar en su lumbre,
    que nos ha de guiar con justeza;
nos tenemos que fiar de una lumbre
    que nos guía con toda justeza
elevando en la noche sus luces.»

Así calmé a Psique y con besos
    logré mitigar sus escrúpulos,
    vencí su tristeza y escrúpulos,
y llegamos al fin del sendero…
    Mas allí se interpuso un sepulcro,
    la inscripción de la entrada al sepulcro;
y yo dije: «¿Qué es lo que está impreso,
    dulce hermana, en la entrada al sepulcro?».
«Ulalume… Ulalume…», dijo presto;
«¡Aquí yace Ulalume, tu amor trunco!»

Mi pecho era un páramo lúgubre
que como las hojas se ajaba;
como hojas caídas se ajaba.
Y exclamé: «Fue sin duda en octubre,
hace un año, esta noche marcada,
que viajé, viajé aquí con mi carga;
que acarreé un peso muerto, una carga…
¿Qué demonio me urgió a que viajara

49

a la orilla del gris lago de Auber,
    aquí en Weir, la brumosa comarca?
Ahora sé que era a orillas del Auber,
    aquí en Weir y su selva encantada».

Fue que entonces los dos nos dijimos:
    «¿No serán los espectros del bosque,
    los piadosos espectros del bosque,
que en su afán protector de impedirnos
    conocer lo que ocultan los montes,
    el secreto escondido en los montes,
arrancaron sin más de ese limbo
    que a las almas lunares acoge,
de ese espacio infernal, de su limbo,
    a esta estrella de turbios fulgores?».

LAS CAMPANAS

1

Oíd, trineos con campanas:
    ¡son de plata!
¡Cuánta diversión anuncian sus tonadas!
    ¡Cómo pican y repican
        en la noche honda y glacial!
    Mientras los astros salpican
    con delicia cristalina
        todo el cielo al parpadear;
    al compás, compás, compás
    —como un rúnico rimar—,
del repiquetear que emana musical de las campanas,
    las campanas, campanas, campanas,
            campanas, campanas;
        del picar y repicar de las campanas.

2

Oíd la boda y sus campanas:
 ¡son doradas!
¡Qué mundo dichoso anuncian sus escalas!
 ¡Cómo llenan de armonías
 la fragancia vespertina!
 De las notas de oro en gotas
 entonadas que rezuman,
 ¡qué canción fluida flota
 hasta oídos de la tórtola
 que se place con la luna!
 ¡Oh, con qué volumen mana
de sus bóvedas sonoras esa eufónica cascada!
 ¡Cómo avanza
 y se desgrana
 hacia el futuro! ¡Y nos contagia
 ese arrobo que se empapa
 del tintín y del retintín,
 del tantán de las campanas,
 las campanas, las campanas,
 campanas, campanas, campanas;
 el rimado repicar de las campanas!

3

Oíd las broncíneas campanas:
    ¡son de alarma!
¡Qué terrible historia auguran desoladas!
    ¡Cómo aturden con aullidos
    los oídos vespertinos!
      En su horror no atinan más
      que a chillar, chillar, chillar
        disonancias,
apelando, clamorosas, a la compasión del fuego,
en su loca controversia con el fuego sordo y fiero,
      arañando el cielo, el cielo,
      con efímero deseo
    y la voluntad rotunda
    de sentarse, ahora o nunca,
   junto a la pálida luna.
      ¡Oh, campanas y campanas!
      ¡Su terror canta baladas
        desgarrantes!
    ¡Cómo chocan, rabian, truenan!
    ¡Cuánto pánico segregan
   en el palpitar del aire!
      Mas el oído, atento, intuye,
        en los toques
        y redobles,

si el peligro mengua o cunde;
Sí, el oído, atento, advierte,
    en los sones
    y redobles,
si el peligro va o si viene,
por la furia y el vaivén de las campanas,
    las campanas,
    el furor de las campanas, las campanas,
    campanas, campanas, campanas;
    ¡el redoble y el clamor de las campanas!

4

Oíd: ¡en hierro están forjadas
    las campanas!
¡Qué solemnes pensamientos su monodia nos depara!
    ¡En la calma vespertina,
    la amenaza que destilan,
abatidas, nos induce a estremecernos!
    Pues es cada son que arrojan
    sus gargantas herrumbrosas
    un lamento.
    Y la gente, ah, las personas
    que en el campanario, a solas
    van tañendo,
    tañen, tañen, tañen, tañen

ese monocorde aliento
y se glorían de abismarle
una piedra a nuestro pecho,
no son mujer ni varón,
ni humano ni bestia son:
¡son demonios!
¡Y es su rey quien, a rebato,
va arrancando, va arrancando
un peán a las campanas!
¡Su pecho feliz se ensancha
con el peán de las campanas!
Cómo aúlla, cómo baila
al compás, compás, compás
de ese rúnico rimar
que es el peán de las campanas,
¡las campanas, campanas!;
al compás, compás, compás,
como runas que, al rimar,
laten como las campanas,
las campanas, las campanas,
el gemir de las campanas;
al compás, compás, compás,
mientras llama, llama, llama,
en un lúdico rimar,
al dindón de las campanas,
las campanas, las campanas,

y el tolón de las campanas,
campanas, campanas, campanas,
campanas, campanas,
del sollozo y del gemir de las campanas.

A ELENA

Te vi una vez, una vez sola, hace años;
no diré cuántos, solo que no muchos.
Fue en julio, a medianoche; de la luna
que, plena, como tu alma remontaba
buscando un raudo surco cielo arriba,
cayó un velo de luz de argéntea seda
—serena, somnolienta y sensualmente—
sobre la cara alzada de mil rosas
de un mágico jardín que ningún viento
osaba visitar salvo en puntillas;
cayó sobre la cara de esas rosas
que a cambio de la luz de amor donaron,
en éxtasis final, su alma fragante;
cayó sobre los rostros de esas rosas
que, al sonreír, murieron encantadas
por ti, por tu poesía y tu presencia.

Toda de blanco, te vi reclinarte
en un lecho de violas; ya la luna

bañaba el rostro alzado de las rosas
y el tuyo —¡ay, con pesar!— también alzado.
¿No fue el Destino, esa noche de julio
(Destino al que también llamamos pena),
quien me retuvo ante al portal del huerto
a oler el dulce incienso de las rosas?
Dormían y también el mundo odiado
salvo tú y yo. (¡Oh Cielos! ¡Oh Dios mío!
¡Lo digo y me da un vuelco el corazón!)
Salvo tú y yo. Me interrumpí… miré…
y en un instante todo se hizo humo
(recuerda: ¡era un jardín, pero encantado!).
Cesó el fulgor perlado de la luna;
el manto mohoso y los curvos senderos,
las flores vivas y los tristes árboles
cesaron de existir; el vaho de las rosas
murió en brazos del aire adorador.
Todo expiró excepto tú o ni eso:
salvo la luz divina de tus ojos
o el alma de tus ojos elevados.
Solo a ellos vi y ellos eran el mundo.
Solo a ellos vi, los vi durante horas.
Solo a ellos mientras refulgió la luna.

¡Qué historias de hondo corazón guardaban
esos celestes globos cristalinos!

¡Qué honda congoja! ¡Y qué esperanza excelsa!
¡Qué mar de orgullo silencioso y calmo!
¡Qué atrevida ambición! ¡Y qué profunda,
qué desmedida habilidad de amar!

Por fin la dulce Diana fue a ocultarse
a un lecho occidental de nubarrones;
y tú, un fantasma, entre un osario de árboles
te me escurriste. Tú, mas no tus ojos.
No se querían ir. Y aún no se han ido.
Alumbraron mi solitaria vuelta
y no me dejan (no así mi esperanza).
Me siguen, me han guiado en estos años;
yo soy su esclavo, y ellos, mis ministros.
Su oficio es encenderse y fulgurar
y mi deber, que su fulgor me salve,
purificado por su fuego eléctrico,
santificado por su elíseo fuego.
Ponen Belleza (o Esperanza) en mi alma
y flotan en el Cielo. Son los astros
ante los que me postro en mis vigilias;
mas en el meridiano albor diurno
los sigo viendo: ¡dos dulces Luceros
que brillan sin que el sol logre extinguirlos!

UN SUEÑO EN UN SUEÑO

¡Toma en la frente este beso!
Y déjame ser sincero
ahora que parto: yo creo
que no está errado quien diga
que han sido un sueño mis días;
pero si huye la esperanza
por la noche o de mañana,
en visiones o sin ellas,
¿cambia el hecho de que *huyera*?
Lo que creemos ver o vemos
es *solo* un sueño en un sueño.

Frente al tronar de las olas
que castigan esta costa,
ciño con fuerza en la palma
granos de arena dorada.
¡Son tan pocos! Y qué pronto
se me escurren hacia el fondo,
¡mientras lloro, mientras lloro!

¡Oh Dios! ¿No puedo apretarlos
más firmemente en mi mano?
¡Oh Dios! ¿No puedo salvar
ni a *uno* del mar voraz?
¿Es lo que creemos o vemos
tan *solo* un sueño en un sueño?

PARA ANNIE

¡Gracias a Dios, la crisis,
   el peligro ha pasado!
Y el mal impenitente
   ha llegado a su ocaso,
y esa fiebre que es «Vivir»
   fue vencida de plano.

Sé, con pesar,
   que las fuerzas me fallan
y ni un músculo muevo
   mientras yazgo en la cama.
Mas ¡qué importa…! Yo siento
   que mejoro a la larga.

Y tan plácidamente
   yo reposo en mi lecho
que cualquiera podría
   suponer que me he muerto,
suponer con espanto
   que realmente estoy muerto.

Los lamentos y lloros,
   los ayes y suspiros
se han callado a la par
   de ese horrible latido
que agita el corazón,
   ¡ah, qué horrible latido!

El mareo, la náusea,
   el dolor sin medida,
ya no están, ni la fiebre
   que ayer me enloquecía,
esa fiebre —«Vivir»—
   que quemaba mis días.

Mas, ¡oh!, fue *esa* tortura
   la que, al fin, a la peor
mitigó: la terrible
   sed que un sorbo me dio
del río naftalino
   de la infame pasión;
he bebido de un agua
   que las sedes calmó.

Es un agua que fluye
   como nana de cuna,

de una napa que nace
   al frescor de una gruta,
una gruta cercana
   que es apenas profunda.

Y, ¡ah!, que nunca se diga
   sin razón ni concierto
que mi alcoba es sombría
   y ceñido mi lecho;
pues jamás he dormido
   en ningún otro lecho,
y *dormir* es soñar
   en el lecho que tengo.

Mi atormentado espíritu
   aquí a gusto se postra,
olvidando o tal vez
   no añorando sus rosas,
sus antiguos desvelos
   por los mirtos y rosas.

Pues ahora que yace
   apacible en su lecho,
se ve envuelto en perfume
   de sacros pensamientos,
un olor de romero

junto con pensamientos
y con ruda y austeros
y bellos pensamientos.

Y así yace feliz,
embebido en el grácil
sueño de la veraz
hermosura de Annie,
anegado en el lago
de las trenzas de Annie.

Me besó con ternura
y con dulces caricias
mientras yo en su regazo
poco a poco caía
desde su santo seno
hacia honduras dormidas.

Extinguida la luz,
me arropó con bondad,
suplicando a los ángeles
que me libren del mal,
la reina de los ángeles
que me guarde del mal.

Y tan quieto y tranquilo
　　Reposo ahora en mi lecho
(sabiendo que ella me ama)
　　que parezco estar muerto,
tan sereno reposo
　　y tan calmo en mi lecho
(con su amor a mi lado)
　　que parece que he muerto;
quien me viera diría
　　con pavor que estoy muerto.

Mas mi corazón luce
　　más brillante y volátil
que los astros del cielo
　　pues titila con Annie,
lo ilumina la luz
　　del amor de mi Annie,
la visión de la luz
　　de los ojos de Annie.

A MI MADRE

Sabiendo que, cuando ellos se susurran
    palabras de ardoroso amor, los ángeles
no encuentran en el cielo azul ninguna
    que sea tan ferviente como «madre».
Con este dulce nombre te llamaba
    pues tú más que una madre fuiste, y colmas,
al liberar a mi Virginia y su alma,
    de amor mi corazón, donde reposas.
Mi madre real, la que murió en mi infancia,
    tan solo era mi madre; pero tú eras
la madre de la muerta que yo amaba,
    por eso a ti te aprecio más que a aquella:
eternamente, como mi alma adora
    más a mi esposa que a su propia gloria.

ANNABEL LEE

Fue hace muchos, muchos años atrás,
   en un reino del mar turquí,
una moza de quien quizá sabrán,
   llamada Annabel Lee,
vivía sin otro anhelo que amar
   y ser amada por mí.

Y aunque éramos, *ella* y *yo*, unos niños,
   allí a orillas del mar turquí,
nos unía un amor que era más que amor
   a mí y a mi Annabel Lee,
un amor que en el Cielo habrá envidiado
   más de un leve serafín.

Por esa razón fue que, tiempo atrás,
   en el reino del mar turquí,
de una nube vino un soplo hasta helar
   a mi hermosa Annabel Lee.
Acudieron sus deudos de alta alcurnia
   para apartarla de mí

y encerrarla dentro de un sepulcro,
  junto a ese mar turquí.

Los ángeles, no alegres en los Cielos,
  envidiaban amor tan feliz.
¡Sí! Por eso (como aquí todos saben,
  en el reino del mar turquí)
sopló de esa nube un viento nocturno
  que heló y mató a mi Annabel Lee.

Y era tanto más fuerte ese amor que el amor
  de nuestros mayores de allí
  y el de otros más sabios, ¡oh, sí!,
que nunca los ángeles de los Cielos
  ni los diablos del mar turquí
podrán separar de mi alma el alma
  de la hermosa Annabel Lee.

Y no hay luna clara que en sueños no traiga
  a la hermosa Annabel Lee,
ni brillan luceros salvo los ojos bellos
  de mi hermosa Annabel Lee;
y así la noche en vela la paso yo a la vera
de mi amada, mi amada, mi vida y consorte,
  en su sepulcro junto al mar turquí,
  junto al mar que no cesa de rugir.

Papel certificado por el Forest Stewardship Council®

Primera edición: marzo de 2021

© 2021, Penguin Random House Grupo Editorial, S.A.U.
Travessera de Gràcia, 47-49. 08021 Barcelona
© 2020, 2021, Andrés Ehrenhaus, por la traducción
© 2021, Sara Norat, por la selección

Printed in Spain – Impreso en España

ISBN: 978-84-397-3759-9
Depósito legal: B-20.681-2020

Compuesto en La Nueva Edimac, S.L.
Impreso en Reinbook Serveis Grafics, S. L.
(Polinyà, Barcelona)

R H 3 7 5 9 9